JN440583

산 따라 바람 따라

산 따라 바람 따라
누에실문학회 제3기 창작문집

초판 인쇄 2018년 06월 18일
초판 발행 2018년 06월 21일

지은이 송선태 외
펴낸이 신현운
펴낸곳 연인M&B
기 획 여인화
디자인 이희정
마케팅 박한동
홍 보 정연순
등 록 2000년 3월 7일 제2-3037호
주 소 05052 서울특별시 광진구 자양로 56(자양동 680-25) 2층
전 화 (02)455-3987 팩스 (02)3437-5975
홈주소 www.yeoninmb.co.kr
이메일 yeonin7@hanmail.net

값 10,000원

ISBN 978-89-6253-212-8 03810

산 따라 바람 따라

누에실문학회 제3기 창작문집

송선태 외

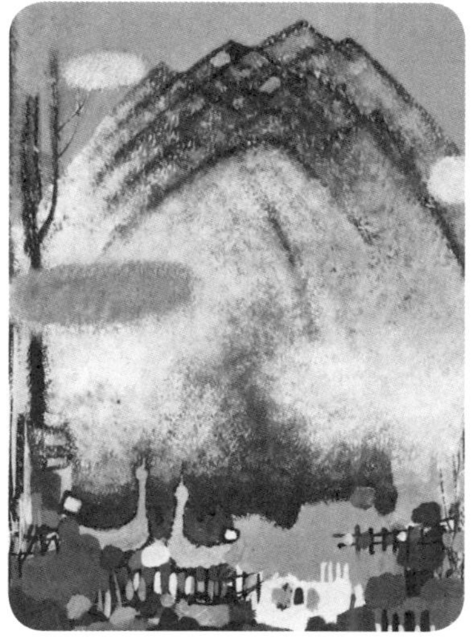

삼각산의 솔향기 속에 은혜스럽고
평화로운 은평 하늘 아래에 평화의 비둘기가
드디어 남북을 하나로 열었도다

연인M&B

삼각산 달 오르면 노래하리라

누에실문학회 회장 송선태

북한산 산마루 휘영청 달이 오르는구나
백운의 돛을 달고
인수의 노를 저어
만경의 바다에 닿으리라~

옛 선비 풍류 이어 부르지 않다손
뒷산에 달 오르니 어찌 창 닫고 잠청하리오.

달빛 고운 밤은
십 리가 한동네라고 했던가
한양 하늘 뜨는 달 고향 뒷산 뜨던 달이다.

저 달 보고 노래하리라.

지나온 날의 아쉬움도, 그리움도

다가올 날의 막연함도, 설레임도

세상 깨우는 진관사 범종 소리

아침 알리는 독바위골 꿩 횃소리

천년 비봉 지나온 솔바람 소리

시(詩)요 노래(曲)일려니

시인 아니어도 시인처럼 노래하고

시적으로 사색하며 시 있는 인생길 살아가련다.

채 못다 부른 노래

청아하지 못한 마디

다시 뜨는 달빛 아래 고쳐 부르리라.

산다는 것은 만남의 연속일진대

향기로운 문학 오솔길로 이끌어 주신

정인관 관장님을 비롯한 누에실문학회 회원님과

셋이서문학관 은평구청 관계자님께 감사드립니다.

2018년 늦봄 달 밝은 밤에

| 차례 |

자작나무 잎새 사이 산 여울

김명상

마음에 담아 둔 사람

김영숙

밤을 잊은 그대

김정란

송선태

술 한 잔에 詩 한 수라~

유재명

한 폭의 백지 위에 애태우던 그리움

생명의 눈을 뜨는 날

이경숙

뺑 이야기꾼

이종인

당신을 사랑합니다

이홍자

장홍순

먼 산 너울에
민들레 씨앗 바람에 날려
어머, 벌써 꽃차 향기 피었네

조길자

봄바람 향기 품고

지도교수 초대시

물레 정인관 시인

'서방님 내 서방님 오셨군요.' 목룡이 가슴에 안겨 눈물 적시니
인권유린 사상 뿌리 뽑고 서민들 인권옹호하니
천하가 태평이요, 경사로다
광한루에 춘향가가 오작교를 넘나든다

암행어사 출두요
—춘향가

부하 뜰 당도하여 임실 말칫재를 넘나드니
광한루 용머리가 보이고
남원 부사 아들 몽룡이는
한양 급제하여 어사 패를
허리에 빗겨 차고
삿갓으로 하늘을 가리우고
퇴기(退妓) 월매의 딸 춘향이를 찾으니
거지 중에 상거지라 쫓겨나고
수청 아니 들고 절개 지킨 춘향이는
'암행어사 출두요!' 큰 목소리에
'서방님 내 서방님 오셨군요.'
목룡이 가슴에 안겨 눈물 적시니
인권유린 사상 뿌리 뽑고
서민들 인권옹호하니
천하가 태평이요, 경사로다
광한루에 춘향가가 오작교를 넘나든다.

공양미 삼백 석에

—심청가

집 뜰 후원에
정화수 정갈하게 떠 놓고
우리 아버님 눈 뜨게 해 달라고
신령님께 빌고 비나이다
인당수 푸른 물에
무남독녀 심청이가
한 몸 팔아 아버님 눈 떴으니
황주 도화동에는 경사났고
맹인 심학규는 환생한
달을 보고 싶어 애태움에 왕후로 탄생한 딸을 보고파 눈을 떴고
지극한 효심으로 공양미 삼백 석에
하늘 문이 열렸도다
마음의 문이 열렸도다
부녀 상봉 뜨거워
뺑덕어멈 천벌받고 떠났으니
한 집안의 행복이어라
효심 깊은 심청이가 명성이 퍼지도다.

화초장 거느리고
—흥보가

애상 궂은 제비 다리
생명의 존귀함으로 감싸 주어
보은 사상으로 금은보화 얻은 홍보는
화초장 거느리고 살아가는 동생인지라
욕심 많고 심통방통한 형 놀부는
행여나 하여 제비다리 작신 부러트려
날려 보낸 제비 기다리고 기다렸다가
패가망신당하고 상거지 신세라
착한 이는 흥하고, 악한 이는 망한지라
권선징악의 본보기를 보여 주는 우화로
착한 마음으로 형제지간 우애의 교훈이라
인간 세상사 선하고 착하게
살아가는 처세술이라
선과 악을 홍보가에서 배워 본다.

시간이 멈춰 버린 정거장

김강열

진한 사랑의 향기가 담겨진 추억의
여운이 남긴 옛 자리엔
소중한 기억이 담긴 한 폭의 물빛
수채화만 곱게 채워져 있구나

달빛 나무

달빛은 고요한데 개울물은 졸졸졸
봄이 왔다고 노래하누나
흐르는 물 막히면 막힌 대로 돌아가고

천년의 고찰 지켜 가며
한 세월과 함께한 사찰나무
푸르름으로 나누는구나

오롯이 달빛에 비친 물여울
내 가슴 엿보이는 세심천(洗心川)을 보니
아무 말도 할 수가 없네

그림자 드리워진 그곳에
여울물 시간에 걸터앉아
계절 떠난 뒷모습 바라보니

진한 사랑의 향기가 담겨진
추억의 여운이 남긴 옛 자리엔

소중한 기억이 담긴 한 폭의 물빛
수채화만 곱게 채워져 있구나

그리운 흔적 채곡이 쌓으니
허물어진 누각(樓閣)과 연못뿐

아직도 꿈만 같은데
어이 기억하고 있을까

신선한 느낌의 행복 공간에
사랑 가득한 내 작은 꿈들을….

인생 꽃길

물 안개 피는 언덕
은행나무 숲길 따라
꽃들이 손짓하며 마중하네

아플 만큼 아팠고
외롭고 서러웠던 시간들

그리고
행복하며 즐거웠던 시간들

이젠 눈물 거두고
이 꽃길을 즈려 밟고 떠나소서

하늘길 열려지고
삶의 흔적 길 따라
돌다리 건너 애닯게 떠나는 상여길

천장행렬과 취타대의 구슬픈 상여 소리
애절한 우리 인생 장생불사(長生不死)* 어찌하리오

* 장생불사(長生不死): 오래도록 살고 죽지 않음.

산 여울의 하루

흐르는 물길 따라
졸졸 여울진 물소리

냇가의 얼굴에 달빛 어리는 밤 소슬하게 보내고
잔설 덮인 순백의 설경 계곡을 따라
울퉁불퉁한 징검다리 위로 말없이 흐른다

때로는 빛바랜 먼 추억이
그리움 속에서 석양빛으로 채색되어 피고

낙조의 노을빛과
산사의 저녁 종소리

덜커덩 낡은 기차 기적 소리
멀리 사라지고 남겨진 여운(餘韻)에
그리움과 추억을 꽃 대궐 만들어 보고

봄을 재촉하는 산새들은
맑디맑은 산 여울에 목을 축이며
산새 고을에 울부짖을 때

켜켜이 쌓아 놓은
그리움은 우록색*의 빛처럼
알알이 영글은 숨결로 채곡이 모아진다

산 여울도
그렇게 물 빛 뿌리며 봄 마중한다.

---

* 우록색: 연록색보다 더 먼저 겨울 지나 봄으로 가는 처음 비를 맞아 열어진 나무의 색.

그곳에 가면

낡아 버린
그곳에 가면
밤 골 마을
아카시아 향기 가득하고

산마루에 걸린
젖은 달빛 풍경
개구리 울음소리에
잠 못 이루었지

꿈에서도 아련히
그리움이 서려 있는 그곳

추억들이 쏟아져 내리고
침묵이 방 안 가득해도
꼬마전구 내려와
소곤소곤 정담을 나누네

꿈결처럼 잔잔한 강가에
새벽 풍경 만나니
부드러운 바람 나를
안아 주며 방긋 미소 짓네

살아 있다는 생명이
고요히 울려 퍼지며
물 안개 피어오르니
선경(仙境)*이 따로 없구나.

* 선경(仙境): 신선이 산다는 곳.

봄비가 그리움을 부른다

소록소록 봄비 내려
대지를 촉촉히 적시니

초록은 더 짙어지는데
화려한 봄꽃은 힘없이 떨어지누나

봉긋히 피어오른 꽃망울 위엔
봄비 눈물 되어 스물스물 스며들고

내 가슴에도 물방울 맺히니
보고픈 님 그리워
봄비에게 길을 물어본다

바람 불어 가는비 옥새처럼 날리니
여린 나뭇가지 여기저기 춤추고

안개가 산허리 휘감은 사이로
빼꼼이 얼굴 내민 초록들처럼
떠난 그리운 님아 지금 어디에 있느뇨

봄비 그치면 이 봄도 떠나련가
서럽다, 내 마음 너처럼 아파 우노라.

할아버지 벽시계의 꿈

세월의 때가 묻은 곰방대

개울만 바라보던 외딴집
하나 둘씩 아이들을 떠나보내고

빨래터의 바지랑이
바람 한 줄에
흔들리는 풍정(風情)*

하염없이 똑딱이던
벽시계 멈추었고

속살 돋아나는
인동(忍冬)**의 설움처럼
세월의 흔적은 야속하게
오늘도 거침이 없구나

벤자민 버튼의 시계처럼
거꾸로 돌리고 싶은 마음

이것이 그리움인지 압니다.

---

*풍정(風情): 정서와 회포를 자아내는 풍치나 경치.
**인동(忍冬): 인동과에 속한 반상록 덩굴성 관목.

시간이 멈춰 버린 정거장

작지만 아름다운 풍광과 정취
풍경은 참 좋은데
폐역사(閉驛舍)엔 인적이 없고

기차가 간간이 머물렀던 간이역엔
말 못할 사연만 간직한 채
묵묵히 서 있는 키 작은 소나무 하나

녹이 낀 간이역 창틀로 보아
육십갑자는 넘은 듯하다

구름도 쉬어 가고
바람도 쉬어 가는데
세월엔 간이역이 없네

고향 떠난 서러움
녹슬은 폐철로에
내려놓고 떠나던 날

덩그런히 땅바닥에 팽개쳐진
역사(驛舍) 표지판
너처럼 내 마음도 울고 있구나.

자작나무 잎새 사이 산 여울

김명상

봄볕에 꾸벅한 낮잠처럼
고사리손으로 어머니 주름치마 잡고
꽃 마중 가고 싶네

달 항아리

시를 쓰고 싶네

그리도 오랜 시간
흰빛도
옥빛도 아닌
오묘한 색 자태 뽐내며
호두, 잣 으깨어 칠한 반닫이 위
살포시 앉아 있는 달 항아리
내게 시를 쓰라 하네

달 항아리 깨질라
노심초사
애지중지 아끼시던 할머니 모습이
어쩜 그렇게도
꼭 닮아 살아가셨나, 엄마 모습이
그리워지고 애달파
아무것도 쓸 수가 없네

두 분의 인생살이
할머니와 엄마 모습 담겨 있는
반닫이와
그 위에 앉아 있는 달 항아리도
이제는 내 곁에 두고서

사랑스런 단어만 골라 쓰고 싶어라
고운 마음만 가지고 살아가고 싶어라

눈물에 한 초롬 젖은 때문인가
오늘 더 아름다운
달 항아리.

길

가고 싶다
지베르니!

보고 싶다
수련 연작!

세느강 끝자락
내 맘을 부풀게 하는 그리움

지금도 그 그리움이
희망을 따라
떠나라 하고
그리움을 간직해
돌아오라 하네

그저 꿈속을 거니는가 싶었는데
그 길이
나를 그림쟁이로 살게 했고
길가의 아름다움 그리움 남겼고
그냥 지나치지 않을 눈을 주었다

인간은
누구나 길 위에 서 있다
모두가
길을 지니고 산다.

여울

가만히 듣는다
여울 위로 어미 새들이 남기고 간 소리
털썩 주저앉아 무릎을 내놓고 발장구 치면
가시나가 치맛자락 걷어 올렸다며 성내던 엄마 목소리

가만히 본다
여울 속에 눈물방울처럼 박혀 있는 하얗고 작은 조약돌
병아리 눈곱 같은 손으로 조약돌 하나씩 나눠 들고
영원한 우정을 맹세했던 일곱 살 친구는
할머니가 되었네

가만히 운다
여울은 내가 자라 엄마가 될 거라 말해 주지 않았네
엄마는 세월이 이토록 빨리 지나간다 일러 주지 않았네

가만히 대답한다
부는 바람 따라 많이 울었고 많이 웃었다고
엄마가 되어도 엄마가 보고 싶다고
여울 소리처럼 재잘거리는 손자를 안으면 솜사탕 냄새가 난다고
할머니가 되어도 곱다 말하는 영감을 웃으며 흘겨본다고
나는 언제나 나라고

맑은 산 여울에
힘껏 흘려 보낸다.

그리운 날

지금도 가끔 생각이 나
바닷가 작은 집
백일홍하고 나팔꽃 어여쁘게 피어
하얀 도화지 곱게 물들이고
파도 소리
아름다운 노래되어 거닐던

그땐 퍽이나 자주 인생을 논했단다
바닷가 작은 마을
모퉁이엔 자그마한 찻집 있어
커피 한잔 향기가 시간을 붙들었고
비선대 올라
파전에 머루주 한잔 기울이던

지금도 맡을 수 있다
그 바닷가 향기
대문 지척에서 떠오르는 태양이
어둠을 걷어 아침은 익고
깊은 밤
하늘 가득한 별은 자장가가 되던
바닷가 작은 집

그 작은 집에 잠시 머물렀단다
마치 그곳은
꿈속이었던 것처럼
꿈을 꾸었던 것처럼

그리운 날들이 말해 준다
너의 삶은
참으로 소박한 것이었노라고.

꽃 마중

홍쌍리 매화꽃 훌훌 겨울을 벗고
붉은 속살 드러내면

아가야
꽃님이 오신다
꽃님이 오신단다

산동마을 산수유 봄바람 따라
넘실넘실 물결치면

아가야
꽃 마중 가자
꽃 마중 가자구나

어머니 같이 가요
아가야 뛰지 마라

봄은 또 문 앞까지 찾아왔는데
꽃은 또 눈물처럼 피었는데

혼자 꽃 마중 가신 어머니
하늘 날 소풍은 오래되었네

봄볕에 꾸벅한 낮잠처럼
고사리손으로 어머니 주름치마 잡고
꽃 마중 가고 싶네

꿈속에서라도
꿈뿐이라도.

석산화

선운사에 꽃이 피었네

가녀린 연초록 꽃대에
속내엔 선홍빛 곱게 물들이고
도솔산에 꽃을 피웠네

산비탈 물길 따라
그림자를 드리우니
물속에도 꽃이 피었네

하지만 잎이 떨어지고 꽃이 피어나니
꽃은 잎을, 잎은 꽃을
몹시도 그리워한다네

꽃과 잎이 만날 수 없기에
애절한 사랑을 이룰 수 없기에

그래서 무릇꽃 피어나는 그날은
그리움도 함께 피어난다네

그리움이 피었네

선운사에 그리움이 피었네.

꽃과 별
—그리움

어찌 그렇게 아름다운가요
어쩜 그리도 고운지요

별이 아름다움은
지상에 숨겨 놓은 꽃이 있기에

꽃이 고운 이유는
밤하늘에 숨어 보는 별이 있음에.

마음에 담아 둔 사람

김영숙

산은 높고 숲이 무성해야 산이라 하고
강은 깊고 물이 많아야 강이라 하고
사람은 사람다운 행동을 해야 사람이라 한다

마음에 담아 둔 사람

인연이란 천생의 연분이고
그것으로 추억을 만들어 살아가는
좋은 만남을 어찌
내 마음에 지울 수 있을까

날만 새면 마음 담아
안부 전하는 끊을 수 없는 사람
눈빛이 살고, 마음이 뜨거운 그 목소리
오늘도 떠오르는 구름처럼
숨었다 마음 닿는 사람

항상 웃는 그 얼굴 변함없건만
거울인 듯 마음이 그대로 보이는 사람
나보다 나란 존재를 더 좋아하는 그 사람들

눈뜨는 아침 무시로 보아도
불쑥 그대 날개에 품어 주는
영원한 금석으로 태어난 빛이어라

영원히 손가락에 아픔으로
다가오는 사람인 것을.

한강의 봄은 꽃으로 온다

수평선 위 아리수
잠자는 꽃들을 깨워
웃음꽃 살짝 보이고
저 바라기 산마다 향기 날리고 있다

하늘 높이 튤립이 깃발 올리고
민들레 꽃잎이 단심가를 읊조리니
가슴으로 깊이 울림이 온다

길목마다 연둣빛 새순이 말을 걸고
이름 모를 꽃들이 앞다투어 노래를 하겠단다

봄의 끝자락으로 여름을 초대하니
설렘과 벅참으로 부픈 마음을
강바람에 던져 본다

들꽃들의 향기가 코끝에 매달려
향기를 잃어 갈 때
미루나무 꽃가루 함박눈 되어
햇살에 날려 사람들과 입맞춤을 한다

한강의 봄은 꽃바람으로
성큼성큼 가슴을 열게 한다.

희망의 불꽃

펑! 펑!
하늘에 피어나는 꽃
밤하늘의 꽃이어라

마음에 꽃이 열리는 순간
달이 되고 해가 되고
세상을 열어
만물로 피어나는 불꽃이어라

강물에도 피어나는
은빛, 금빛, 보석으로
부서지는 사람들의
마음이 열리는 순간이어라

그리움에 쌓여 불길로
타오름이오
꿈이 너무나 커서
하늘을 무대로
춤추는 환희이어라

가슴에 피어나는
희망이요 꿈이어라.

벨리댄스

조명이 무색하게 숨는다
동그란 눈들은 반짝반짝
화려한 의상에 꽂혔나
오색찬란한 감성에 속았나
유연한 몸짓에 마음이 동한다

음향과 컬러의 조명 속에
댄서가 빠져나갈 수가 없다
은은한 불빛이 아니더라도
충분히 느낌에서 감동으로 젖는 것
현란한 몸과 눈빛 빼앗긴 마음이
꽃이 되어 가슴에서 피어난다

선녀의 춤일까
마녀의 유혹일까
빠져드는 무대 위의 무희
누구의 신비로운 행위일까
현란한 순간은
착각 속에 산다.

글을 그리다

영상으로 떠다니는 실사를
글 속에 그림으로 남기기 위해
글자 하나, 글귀 하나에
심금을 담아 본다

핑크빛 사랑
사시사철의 자연의 조화로움
청순한 산수유처럼
범람한 우주의 생명성
구름 뒤에 숨은 신비의 햇살
분주한 희로애락들
꿈의 날개를 각인해 보고 싶다

그리다 지우고
지우다 다시 그린
산물 속의 자연들
깊이 숨어 있는 마음속의 그림들
그 중심에 늘상 거울 보듯 세상을 그리고 싶다

어디로 뛸지 모를 감탄사
그리고 인생의 쉼표
미완성 글 그림
그리고 나의 찬란한 언어들

여백은 나의 행복이기에
오늘도 붓방아를 찧는다

함께하고픈 누군가를 위해
열광하는 삶보다
한결같고 산 여울처럼 청아한 글
오늘도
그린다 여백에 영원히 회자될
말 한마디를.

물들었네 유채꽃

물들었네
하늘 끝 나풀거리며
명주실 자수 틀 사이로
노랑 물들었네
털실 나풀로 바늘 박음질 수놓았네

노랑 병아리 다발 꽃 사이로
고개 숙이고
볼보조개 만들며 수줍어 고개 숙인
포동포동 여린 입술인 듯
너 나도 웃음으로 물들었네

바람이 불면 얼굴 붉혀 아가 마음 되고
석양이 지면 꽃잠 자듯이
손 감추고 엄마 치마폭에 숨어
애고야, 젖먹이 벌써 물들었네

동산에 누비 햇살 비추이면
앵도라진 꽃술 되어 한밤 새우고
구름 잡아 파란 바다에 몸을 싣고
두둥실두둥실 해님 따라가다 보면

노란 조각보 한 움큼 꽃다발로 피어나니
하늘도
땅도
얼굴도
물들었네 유채꽃.

봄날이 눈을 뜬다

잎새 사이 봄을 기다리는
초조한 가슴에
서랍 속 꽁꽁 숨긴 그리움
살랑 바람으로 들어와
아침 난간에 웃고 있다

나목의 파릇한 입술
새 물바람에 생명의 소리
밤과 새벽 사이를 흐르고
청아한 꽃술이 기다리고
구름이 흐르고 흘러
이불 삼아 여울거리는 봄바람

봄 햇살보다 그리움에 겨워
당신의 눈동자 새순을 보고 싶어
봄꽃 가득 가슴에 담아
조급한 마음 떨리는 세월의 빛으로
그리고
눈빛으로 온누리를 열리게 한다
봄날이 마음의 눈을 뜨게 한다
겨울의 끝, 새순이 트이고
매화꽃 가득 가슴에 담아
설레는 마음, 떨리는 눈빛으로
세상이 열린다
봄날이 눈을 뜬다.

밤을 잊은 그대

김정란

가파른 계곡길을 올라서서 능선을 바라보며
바람 소리를 들을 수 있다는 것을 기대하고
안도감에 머물 수 있음이 감사하다

세월아!

흔적도 없이 그림자도 남기지 않고 스쳐가는 바람
발가락 사이로 목덜미에 머무르는 시원한 그늘
실바람이련만 흩어 놓고 흔적없이 흘러간다

자주 댕기로 추억 만들고 사랑 나누며 놀던 하얀 날들
아까워 지금 가만히 마음 안에 돌려 보노라니
빠른 걸음 그림자 없이 홀연히 도망치듯 사라지는 시간

오가는 걸음 살이 덧없음을 먼 날 전설로 보내고
얼굴 앞에 둘이 하나 되어 한마음으로 세월 넘기고
손사래 없이 마음 열고 활활하게 불꽃으로 살아가네.

나무야, 나무야

우듬지 실가지 구름 위로 바람 따라 날아오르고
머나먼 곳 수평선 따라 이어지는 해안 물줄기
지중해 푸른빛에 어우러진 열대 야자수

계절 따라 빛깔 곱게 단아한 오색단풍
오가는 길 걸음걸음 소리 없이 멈추더니
바람 결에 꽃비 뿌려 춤을 추는 가로수

꽃샘 한파 낙화되어 나무 위를 날아가니
얼음꽃 가득 핀 겨울왕국 이별 축제
야자수와 가로수 어우러짐이 조화롭구나.

봄의 소리

솔잎 새 사이 얼음 꽃바람 타고 쨍그랑
숲속 비탈길 골목마다 덮은 얼음장
가벼운 몸짓으로 청아하게 흐른다

높은 산 위에 살짝 내려앉은 흰 구름
소담한 눈꽃 생 상고대를 만들어
가던 길 멈추고 은빛 살에 젖어든다

추위 몰고 가는 올 겨울의 끝자락
잎새 사이 열고 나온 연초록 앳된 입술
얼음꽃이 지나고 나면 봄이 소리 들리겠지.

잠시 멈추어 바람 소리를 듣다

정상을 향해 산을 오르면서 숨을 고르기 위해 잠시 멈춰 서는 것처럼 인생의 다른 터닝 포인트 순간에 잠시 멈추어 선다. 산봉우리 사이 계곡에서 아무 상념없이 조용히 다가서는 바람에게 나를 맡긴다. 바람은 휘이잉~ 소리를 내고 나뭇가지들을 흔들어 춤을 춘다. 바람이 지나가는 길에, 초록의 나무 사이로 작은 햇빛이 반짝임으로 일렁거린다. 바람이 머무는 곳에서 새순의 초록들이 속삭이는 소리를 듣는다.

일본 여행을 다녀오는 길에 내 인생 과제 하나를 완성했다. 꽤 오랜 세월 동안 미해결 과제로 남아서, 존재감의 인정을 받지 못한다는 내 안의 상처를 만들고 시시때때로 상처를 크게 확장시키고 있던 과제였다. 남편은 해외로 출장을 갈 때마다 "어떤 선물을 사다 줄까?"라고 물었다. 그럴 때 나는 "가볍게 부담 없이 들고 다닐 수 있는 양산이면 충분해."라고 답했다. 출장에서 돌아오는 남편은 출장을 떠나기 전 나의 대답하고는 상관없이, 원했던 양산이 아니라 비싼 화장품을 매번 반복해서 사 온다.

출장에서 돌아오는 남편을 기다리면서 원했던 선물을 기대하고 있다가 실망을 하고 마음이 섭섭해진다. 평소에 화장품을 잘 사용하지 않은 터라 비싼 화장품은 필요하지도 않고 관심도 없다. 반복되는 상황이 중요하다는 생각을 하지 않았고, 그럴 수도 있다고 생각했다. 그런데 마음의 길을 깨닫는 심리학 석사과정을 공부하면서 나 자신에 대한 탐색을 깊이 하게 되었고 선물로 요

청했던 양산을 받지 못했던 서운함이 꽤 오랫동안 내게 존재감을 인정받지 못한다는 의미와 연결되어 내면의 상처를 만들고 있다는 것을 깨닫게 되었다.

지난 시간을 돌이켜 보니 남편이 출장에서 돌아오는 것이 그리 반갑지도 기다려지지도 않았던 것이 선물과 관련해서 마음이 상했던 기억들이 조금씩 영향을 주면서 쌓여 있었다. 양산을 사 오지 않은 남편에게 마음이 상했던 것으로 평소에 내 말에 귀 기울이지 않는 남편에게 존중받지 못한다는 부정적 이미지로 남았다. 그것과 관련해서 나의 무의식으로 내려앉은 기억을 되찾아 전의식으로 끌어올려 보니 부정적 이미지는 거절감과 연결되어 내 안에서 큰 상처를 만들고 있었다.

이후 내면의 상처로 괴롭고 힘들 때마다 자주 산을 오르기 시작했다. 평소 예민한 성격으로 편두통이 심해서 진통제를 수시로 먹었는데, 어느 순간에 이렇게 약을 의존하면 안 되겠다는 생각이 들었고 다른 방법으로 두통을 해소하려고 방법을 찾는 중에 산행이 머리를 맑게 한다는 것을 알게 되었다. 이후에 매주 산을 두 번 이상 찾게 되었고, 산에서 나를 찾는 또 다른 기쁨을 함께 느끼고 평온해졌다.

산행을 하면서 산자락을 지나다가 지칠 때에는 주저앉아 하염없이 시간을 보내면서 인생을 생각해 본다. 삶은 미해결 과제를 하나씩 해결하는 것이라고 생각했는데, 누구나 과제를 해결하는 것이 아니라 시간의 흐름 속에서 해결과제들을 수용하고 자신에게 맞게 치환하는 과정이 의미 있다는 생각이 든다. 하나의 살아있는 문서로 사는 방법들을 찾아내는 보물찾기 놀이를 하는 것이 삶이다. 보물찾기를 잘 수행하기 위해서 새로운 경험을 하고 낯선 상황을 잘 적응하고 견디는 방법을 배워야 한다.

인생을 살아가는 방법과 규칙을 하나 둘 터득하고 익숙해지면서 어느새 어른이 되어 가고 있다. 가파른 계곡길을 올라서서 능선을 바라보며 바람 소리를 들을 수 있다는 것을 기대하고 안도감에 머물 수 있음이 감사하다. 잠시 쉬어 가면 어떠한가, 더디 천천히 가도 되는 것을, 삶을 산다는 것은 힘든 순간 잘 쉬면서 숨고르기를 하면서 함께 가는 것이다. 새소리와 나뭇잎 부딪치는 소리를 들으면서 바람 소리를 만나는 것이 우리의 삶이다.

밤을 잊은 그대

기한이 정해져 있는 작업이 있을 때는 누구나 적극적으로 몰입을 하게 되고 예민해진다. 그런데 이번 경우는 얼마 전에 임종 체험을 하면서 관에 들어가는 사후 세계를 경험한 탓인지 매사에 급하게 서두르려고 하지 않는다. 올해 도전정신 하나로 시작한 작은 일이 점점 커지고 있다는 생각이 든다. 실제로 얼마 전 공모사업에 제안서 쓰는 경험을 하려고 단순하게 생각하고 제안서를 신청했던 일이 현실이 되어 실제로 정책을 위한 글을 써야 한다.

어제 50플러스 당사자 공모사업을 수행하기 위한 협약식에 다녀왔다. 제안서 서류를 제출하고 1차 서류 통과 후에 면접 때 지적사항이 많아서 가능성이 없다고 생각했다. 그리고 면접까지 할 수 있었던 것을 배우는 과정이라 생각하고 포기했다. 그런데 센터 측에서 수정안으로 계획서를 보완해서 공모사업을 하는 것으로 선정되었다는 연락을 받았다. 그리고 바로 보완 수정 계획서를 다시 제출하려고 추가적으로 꼼꼼한 준비를 하고 마무리를 이제 끝냈다. 한번 쓴 것을 다시 보면 수정할 것이 너무 많은 것을 깨닫게 되는데 이미 제출한 제안서도 그랬다.

자정이 넘어서 계획서 수정을 완성하고 나니 밤을 잊은 그대가 되어서 잠시간을 놓치고 말았다. 밤을 잊은 그대는 학창 시절에 라디오 음악프로의 제목으로 밤늦은 시간에 음악을 선정해서, 혹은 신청곡을 들려주던 애청 프로였는데 음악에 맞게 사연을 들려주어서 정서적 안정과 위안을 받았던 기억이 난다. 밤늦은 시간에 누군가의 사연과 음악을 함께 들을 수 있는 것은 마음을 이어 주는 연결고리를 갖게 했고, 청소년기에 감수성이 예민할 때는 편안함을 느끼고 공부에 부담을 잠시 덜어주는 청량제가 되기도 했다.

인간에게는 세 가지의 기본 욕구가 있는데, 기본 욕구에 결핍이 생기면 심리적으로나 신체의 문제가 생긴다. 식욕, 성욕, 수면욕이 인간의 세 가지의 기본 욕구라 할 수 있는데, 나는 수면욕에 취약한 사람이다. 어려서부터 초저녁잠이 많아서 늦은 밤에 일어나는 일에 아무런 영향을 주고받지 못했던 기억이 난다. 유난히 잠에 대해 민감한 나는 잠을 충분히 못 자면 힘들고 짜증이 많이 난다. 대부분 하루에 정해 둔 시간만큼 수면을 유지해야 안정되고 일정이 자유롭다.

오늘밤에는 아주 늦은 시간이 되어서야 해야 할 일이 정리가 되었는데도 짜증스럽지 않은 스스로를 보면서 놀랐다. 거의 다 정리한 것을 최종적으로 확인하는 부분만을 남겨 두고 먼 거리에서 마다하지 않고 찾아온 친구를 만났다. 가볍게 한잔을 하러 나갔다 오는 것 자체에 대해 어색하면서 평소 나답지 않는 나를 마주했다. 늦어진 과정으로 짜증이 나기보다는 무엇인가에 도전했을 때 그것으로 인한 스스로에 대한 만족감이 나를 존재감 있게 하고 존재의 의미가 크게 와 닿는 것을 알게 되었다.

밤을 잊은 그대가 되어서도 충분히 수용이 되는 나를 오늘 다시 알아차리고 '그렇게 해도 된다' 고 스스로에게 말한다. 하던 일을 마무리하는 것보다 현재의 감정이나 기분을 중요하게 생각해도 되고 무엇보다 사람이 우선이라는 것을 깨닫는다. 비 오고 난 후의 한잔하는 기분은 다른 날에는 느끼지 못하는 것이고, 마음이 가는 친구를 오늘 못 보는 것은 내일 보게 되는 것으로 대체되지 않는 것이다.

오늘 지금 해야 할 것은 하면서 살아도 되고, 다음에 혹은 내일로 미룬다고 해도 결국은 어떤 일도 일어나지 않는다. 지금 마음이 시키는 대로 무엇인가를 할 적절한 그때이고, 밤을 잊고 몰입해서 무엇을 이루어 내는 나에게 박수를 보낸다.

길 찾기 놀이

어쩌다가 어른이 되어 버린 것 같다고 말하는 작은딸의 말처럼 나도 어쩌다가 어른이 되고 엄마가 되었다. 처음 엄마가 되었을 때 그 당시에는 지금껏 살아왔던 것과는 다르게 열심히 최선을 다해 살아야 한다고, 책임감 있게 살아야 한다고 마음속으로 깊이 다짐했다.

어렸을 때는 스무 살이 되면 어른이 된다고 막연하게 생각했었다. 그래서 스무 살이 되면 세상의 모든 것을 내 의지대로 원하는 것을 다 이루면서 살 수 있을 거라 굳게 믿었었다. 그러나 스무 살이 되어서 살아 보니 나는 너무 모르는 게 많았고 경험한 것을 삶에 어떻게 적용하고 활용하는지 지혜가 부족했고 경험을 통해서도 늦게 깨닫게 되는 경우들이 많았다. 그렇게 이십대를 보내고 나는 서른 살을 어떻게 살아야 하는지 나이가 들어가는 것, 시간이 흘러가는 것이 두려웠다. 염려와 두려움으로 맞이한 서른 살이 되었을 때 나는 내가 원하는 삶이 아니라 주어지는 역할로서 삶을 살아야 했다. 대부분은 내가 선택한 역할이었던 엄마로 아내로 며느리로 딸로….

마흔이 되면서 나는 '나'라는 사람과 인생에 대해 신중하게 생각했다. 사십대를 그대로 살아도 되는 건지….

그대로 살게 되면 나는 결국 무엇이 되어 있을지, 그대로 사는 것이 아니면 또 다르게 새로운 '나'를 만들어야 하는지 오래도록 깊이 고민을 해 보았다. 사실 어떤 것도 정해진 것 없이 살아가는 것이 인생이라고 하지만 나는 때때로 내가 사는 것 같지 않았고 늘 떠도는 섬처럼 그냥 흘러가듯이 무심히 살고 있는 내가 마음에 들지 않았다.

나는 과감하게 용기를 내어 다른 길을 찾으려 무던히 애쓰며 지내왔다. 앞으로의 삶에 필요한 여러 가지의 자격증을 취득하고 다시 공부도 하고 그렇게 쉰이라는 나이를 넘어서 살고 있다. 그리고 여전히 나는 인생의 길 찾기 놀이를 하고 있다. 내게 주어진 길이 어떤 길인지 나에게 최적의 길인지 확인할 수 없지만 이제 겨우 방향을 설정하고 목표를 세워서 실천해 가면서 살아가고 있다.

졸업을 앞두고 있는 큰딸이 요즘 많이 답답해 보인다. 나는 일부러 아무런 내색을 하지 않고 기다리고 있었다. 먼저 아는 척을 하면 간섭이 될 거 같은 생각이 들어서다. 무엇인가를 찾는데 쉽지 않아 보이고 말수가 적어지고 혼자 생각하고 고민하는 시간이 많아지고 있는 듯 보이는 시간을 보내고 나서 오늘은 아침에 엄마인 내게 답답한 자신의 마음 이야기를 한다.

앞으로 졸업 이후에 하고 싶은 일이 있는데 어떻게 할지 무엇을 구체적으로 시작할지 방법을 잘 모르고 있는 자신이 맘에 안 든다고 한다. 딸아이가 답답하고 힘든 것이 당연한 것이라 생각하면서 어떻게 말해 주어야 하는지 잘 모르겠다. 살면서 경험한 것을 떠올리며 내 위주로 이야기할 수밖에 없었다. 쉰을 넘어서 살고 있는 엄마도 여전히 인생의 길 찾기를 하고 있는데 이제 20대를 살고 있으면서 인생의 길을 찾고 순리대로 간다는 것은 당연히 쉽지 않을 거라고 하면서 하고 싶은 일을 왜 하고 싶은지?

일을 하고 나면 그 이후는 어떨 거 같은지, 스스로에게 셀프 메시지를 던져 보고 마음 안에서 원하는 생각이 마음을 알아차리는 것이 좋지 않을까 라고 말해 주었다.

딸아이를 보면서 부모인 나도 자녀의 나이에 맞게 함께 성장해야 한다는 생각을 또 한 번 하게 된다. 요즘 기성부모의 틀로 자녀를 평가하거나 주관적인 생각을 주입하려고 하면 어쩌면 아이들은 자신들의 삶이 아닌 부모가 원하는 삶을 살아야 할지도 모른다. 나도 가끔은 딸들이 내가 원하고 있는 삶을 살기를 바라기도 했다. 하지만 내가 원하는 바람직하다고 생각하는 삶이 한 사람의 성인으로 이 세상을 살아가는데 부모인 내가 없이도 독립적으로 건강하게 살아갈 수 있을지 생각해 보면 솔직히 염려스럽다.

나는 아이들이 자신들의 인생을 전체적이고 주도적으로 살았으면 좋겠다. 자신의 인생에서 겪을 수 있는 다양한 문제를 만나 해결하는 과정을 거쳐 보고, 아프고 힘든 시간도 견뎌 보고 경험한 것들을 스스로의 삶에 녹여서 성인으로 발달하고 성장하는 삶을 살게 되기를 바란다. 무엇보다 스스로 원하는 삶을 자신들만의 독특한 컬러로 표현하면서 유연하게 산다면 지속되는 인생의 길 찾기 놀이는 각자의 인생에 커다란 의미가 있다고 생각한다.

세 여자가 사는 법

룸메이트처럼 세 명의 여자가 함께 살고 있다. 어느 누구도 서로가 서로에게 참견이나 간섭을 묵시적으로 금기시하고 있다. 존재감의 존중과 배려를 실천하면서 최대한 공동생활 안에서 자신다운 스스로의 모습으로 살아가는 것에 대하여 인정하는 연습을 하고 말로 하지 않아도 서로의 역할에 대한 책임을 다하고 있다. 각각의 영역이 정해서 할 수 있는 만큼 하고 산다.

오전 5~6시가 되면 나는 어김없이 자동적으로 눈이 떠져서 일어나는 아침형 인간으로 이른 시간부터 활동을 시작한다. 딸들은 밤늦도록 활동을 하는 야행성으로, 늦게 잠들고 아침을 조금 여유 있는 8~9시에 시작하는 요즘 추세에 어울리는 모습으로 살아간다. 이른 아침 시간에 자동적으로 깨는 나는 고요하게 깨어 있는 아침 시간이 자유롭고, 아이들은 내가 잠들어 더 고요한 밤 시간을 즐기고 있다.

대부분 하루의 일정을 시작하면서 아침 준비를 하고, 식사를 하면 설거지와 청소는 아이들이 주로 한다. 자연스럽게 집안에서의 일들이 분담되어 나누어진 역할에 따라 하려고 하고 어느 누구 때문에 희생이나 봉사한다고 생각하지 않는다. 다만 자신들이 할 수 있는 작은 배려로 적당하게 양을 나누어 분담하고 있다. 딸들이 성인이 되니 매사에 함께 공유하고 나눌 수 있는 것들이 많아서 좋다.

어제는 저녁 수업이 있는 날이었는데 작은딸이 센터에서 나를 기다려 주었고, 서로 특별한 말로 주고받지 않았는데도 자연스럽게 걸으면서 큰딸을 마중했다. 여자 셋이서 함께 걸으면서 이런 이야기 저런 이야기를 나누고 아이스커피를 마시는 시간이 편안했다. 우리는 시간이 주어지면 함께 시간을 보내고 여행도 가려고 한다. 어느 누구도 억지로 일정을 맞추려고 희생하지 않는다.

너 닮은 딸을 낳아서 엄마를 이해하면 스스로 얼마나 이상하고 못된 딸이었는지 알게 될 것이라고 했던 친정엄마가 떠오를 때가 많다. 엄마는 나를 아주 정확하게 알고 계셨었다. 개인적인 성향이 강하고 뚜렷한 나는 부모에게도 센 자식이었다. 가끔씩 남편은 아빠의 입장에서, 남편의 입장에서 상처를 받는다. 하지만 엄마를 닮은 딸들이 어느 곳에 있든지 자신의 목소리를 내면서 당당하게 살아갈 존재감을 가지고 있다는 것이 좋다.

가끔은 의견이 안 맞아 서로 침묵하면서 기다려야 하고 스스로 생각하는 시간이 필요하다. 두 딸과 룸메이트처럼 함께 살면서 각자의 방이나 영역을 침범하지 않고 누군가 한 사람이 밤늦도록 집에 돌아오지 않고 있을 때에는 누구도 재촉하지도 강요하거나 잔소리하지 않고 기다려 준다. 엄마나 자식의 역할보다는 서로 각각 성향이 다른 여자 사람으로 보호하고 돕는 기본 규칙을 지키면서 살아가고 있다.

두 번째 창조

생각이 많고, 해야 할 것들이 줄줄이 떠올라 정리가 안 될 때가 있다. 끊임없이 무엇인가를 해야 한다는 압박이 있었던 순간순간마다 돌아보면 불안감이 늘 함께했었다. 이제서 그 불안의 실체를 알고 조금씩 유연하게 해소할 수 있어서 여유가 생기고 마음도 평온하다.

어떤 것이든 생각으로만 하는 것은 첫 번째 창조이고 생각을 표현해서 행동으로 바꿀 수 있는 것은 두 번째 창조라고 한다. 요즘 두 번째 창조를 위한 시간을 만들고 있는 중이다. 사업 계획서를 준비하면서 다양하고 복잡해진다. 그리고 다시 일목요연하게 정리를 시작한다.

막연하게 창업을 하면 무엇이 연결되어 이루어진다고 생각했었나 보다. 월 예상 매출, 년 예상 매출을 심도 있게 고민하면서 과연 현실 가능성과의 연계성을 생각한다. 아무도 모르는 결과라고 하지만 사전에 미리 계산된 수치로 감이 잡히지 않는다. 이대로 그만두어야 하나?

다시 천천히 생각해 보고 정리를 한다. '해보는 데까지'가 아니라 이제는 시작이 되었으니 무조건 가야 한다. 늘 꿈꾸고 생각으로 그려 오던 일들을 이제는 두 번째 창조로 이어지게 하려고 한다. 다행히 주변에 아무런 조건부 없이 나를 돕는 손길이 있어서 든든하고 감사하다.

조건 없이 나를 지지하고 보이는 혹은 보이지 않는 응원을 힘입고 새롭게 도전을 시작한다. 반생을 주어진 역할에 책임을 다하고 살아왔으니 이제는 내가 역할을 만들어 가면서 내 길을 가야한다. 모든 것이 협력하여 선을 이룬다고 했으니 선한 마음으로 미미한 시작을 알린다.

이른 아침 커피숍에서 사업 계획서를 구상하고 책을 보고 창밖을 볼 수 있는 여유 있는 지금이 좋다. 일을 벗어나고 관계를 벗어나고 소통을 잠시 내려 둔 채 나로 있는 지금이 행복하다. 소소한 이 행복을 가끔은 즐기며 살아가야겠다. 오늘 두 번째 창조를 위한 휴식이 즐겁다.

술 한 잔에 詩 한 수라~

송선태

삼각산 새벽 꿩 횃소리 유난하다
억겁 세월 초로인생 깨침인 것을

소작농부

산아래 이랑 빌어 고추 심고 상추 심어

이웃도 나눠 주고 친구 청해 술 나누니

대장부 살림살이야 이만하면 족하다.

달 항아리

삼각산 달 항아리 은빛 달빛 쏟는구나

밤새워 이 봉오리 저 골짜기 춤추다가

달지면 금물결 되어 한강나루 닿으리.

바람 1

—백석과 자야의 사랑 이야기

길상사 눈 오는 밤 풍경마저 잠들으니

속울음 우는 바람 댓돌인들 알랴마는

바람결 살아 찾아와 왔다 간 줄 알어라.

세월

꽃이 피고 지고
봄은 해마다 돌아온들 무삼하리오
한철 피었다 지는 무심한 낙화인 것을

해가 뜨고 지고
여름 중천을 높이 뜬들 무삼하리오
하루살이 비쳤다 지는 석양인 것을

단풍 들고 지고
가을 만산을 물들인들 무삼하리오
한로 삭풍에 떨어지는 낙엽인 것을

달이 차고 지고
겨울 밤하늘 만월인들 무삼하리오
새벽 안개에 가리 우는 구름인 것을

인생 살고 지고
만고 세상사 성화 낸들 무삼하리오
풀잎 맺혔다 사라지는 이슬인 것을

어~언
육십령 넘어
별빛에 눈빛 모두니

삼각산 새벽 꿩 횃소리 유난하다
억겁 세월 초로인생 깨침인 것을.

꿈

한낮의 읊조림 밤 꿈이 되었구나

못다 한 인연 꿈속의 이룬 사랑
못 뵈온 선산 아버님 꿈길로 오시고
못다 핀 살구꽃 사계절 활짝 피어 있네

한낮에
꿈을 꾼다

여긴 고향이다
감나무꽃 살구꽃 아카시아꽃 피었으니
여긴 고향이 분명하다

한낮인데도
저녁노을이 붉더니
유성이 길게 떨어진다
마당 한편 와상 위 누운 식구들 머리 위로

오늘밤도
낮은 베개 높이 베고

한낮에 꾼 꿈 밤 꿈으로 다시 꾸련다.

산 여울

잔설 녹는 날 하얀 웃음꽃으로 스미고
여울 큰물 돌 때 나무 밑 바위틈 머물렀나니

스쳐가는 인연이면 흘러 보내리라
흘러가는 인연일랑 잡지 않으리라
스며드는 인연으로 봄꽃 피우리라

산벚꽃 여울에 지면 강강수월래 손잡고
청산은 흰구름 따라 물 위 얼려 노래하고
산국화 술 담궈 벗 청해 달 오르면 춤추리라
첫눈이 오는 날은 고운님 오시려니

서둘러 흘러갈리 만무하다
온전히 달빛 별빛 내 차지니

흐르느니 세월이요
머무느니 산 여울이라.

꽃샘추위

꽃도 인간 세상에 피니
꽃도 사람을 닮아 가는구나

계절도 세상으로 오가니
철없이 서성되고 오가는구나

오는 봄은 반겨 맞고
피는 꽃은 고운 맘으로 맞으면 좋으련만

사람이 법석이니
세상사 요란하니

봄이야
사람 세상 닮아 시샘 좀 한들 제 탓이냐
사람 탓이오 세상 탓이다

봄 쑥
봄 새는 사람도 세상사도 대수 아니다
제철 제때 돋고 제 계절 제 알고 나르니

바람이 솟구쳐 분다 한들
종달새 거꾸로 난다 한들

오는 봄을 막을 수 있다더냐
가는 봄을 잡을 수 있다더냐

동풍이 건듯 부니
봄은 따 논 당상일려니.

한 폭의 백지 위에
애태우던 그리움

유재명

이제야 알겠네
가슴 여민 그대의 고인 사랑
날 향해 흐르고 있음을

세월

만나고 헤어지고
웃음 한 점 눈물 한 점

힘들고 보람 있고
단단하고 포근하게

흐르는 땀방울

오늘도
한 땀 한 땀

비단옷 짠다.

산 여울

그때는 몰랐네
급한 마음에

아쉬움과
원망의 투덜거림만
빙빙 돌아

토라진 그 자리
잠시
발길 머물러

이제야 알겠네

가슴 여민
그대의
고인 사랑

날 향해
흐르고 있음을.

달 항아리

애써
손을 뻗어 보지만

하늘과 땅 사이
다가갈 수 없는
그 먼 곳

어둠 속 잠자던
황금빛 사연 담고

어느 날
삶의 한가운데
은은히 흘러

둥글게
둥글게
내 마음 어루만지는
엄마의 품이 되었네.

꿈

한 폭의 백지 위에
그토록 애태우던 그리움

채우려 눈을 감고
지새운 순간들

아침에 다시
펼쳐진 하얀 도화지

어젯밤 꿈속에
붓의 행진곡

채색으로
펼쳐지네.

목련나무

잎새가 감싸 주기 전
우듬지* 끝에 맺힌
청아한 그 물초롱 입고

그 여린 살결
세월 따라 빛 따라
미리내 빛을 내는

그대 목련이여

어둠 깨우는
새벽 종소리 되어
잠자던 대지에
맑게 피어나네.

* 우듬지: 나무의 맨 꼭대기 줄기. 우죽의 꼭대기 끝. '나무초리'는 나무줄기의 뾰족한 끝을 가리키는 말인 데 비하여, '우듬지'는 나무초리를 포함한 부분을 한 덩어리로 나타내는 말이다.

꽃길

음푹 패인
다랭이 논둑 사잇길

두 손 꼭 잡고
함께 건너가며

구부러지고 좁은
어둠 속
달빛 발자국 따라

어느새 벌써
그 길은

사랑을 걷고 있었네.

봄 같은 사람

이런 사람이고 싶다

많은 이들을
설레게 하는

멎어 버린 차가운 심장에
가까이 귀를 대어 보게 하는

얼어 버린 굳은 살결에
부드러운 손길 닿게 하는

잠시나마 잊혀진 그 이름
이토록 불러 보며 기다리게 하는

마침내
온 대지
봄의 축제로 만드는 바로

그런 사람이고 싶다.

바람

때론
소리 없는 조용함으로
때론
거센 외침으로

내 안의 거대한
꿈
포기하지 말라고

막힌 담 큰 절벽에
아직 빈틈의
공간이 있음을

머뭇거리는
등뒤로
살포시
토닥이는

응원의 소리여.

생명의 눈을 뜨는 날

이경숙

돌담장

매화나무 꽃잎 떨어지면

바람 부는 데로 구름 흘러가고

세월(歲月)

흔히
"예술은 길고 인생은 짧다."

한때는 세상을 향해 온몸으로 그리움을 보냈고
절기마다 어울리는 형형색색의 옷으로 갈아입으며
생명과 예술을 노래했다

그러나
어느새 좋은 시절은 다 흘러가고
지나온 삶의 무게만큼
깊게 패인 주름진 손

눈이 있어도 보지 못하고 귀가 있어도 듣지 못하는
이전 일을 기억하지 말라 옛날 일을 생각하지 말며
주어진 인생길 살아온 그 세월 그 흔적만이 내 안에 남아 있네.

바람

머리엔 어느새 하얀
꽃비가 내려앉고

새날 새아침 주심에 감사하며
마음 비우고 내려놓으니

그
빈자리 아름다운
것들로 채워 보리

머물 수 없는 바람처럼
소중한 생명 시간
이 또한 지나가리라

소풍 끝나는 날 웃으며
아버지 품으로 돌아가길 기도한다.

달 항아리

돌담장
매화나무 꽃잎 떨어지면
바람 부는 데로 구름 흘러가고

청아하고 고고한
한국의 멋
달 항아리

백의민족답게
전통문화와
오랜 역사의 청아함

꿋꿋하게 자리를 지켜 온
선인의 장인정신 아름다워라

따뜻한 담장의 햇살과
그 숨결이
한민족 가슴속에
그리움으로 피어난다.

자연이 주는 쉼터

달은 뜨고 있다

해가 솟아도
눈비가 오고
세찬 바람이 불어도

오롯이
세상살이 비탈길에서
생명의 눈을 뜨는 봄날은 오고 있다

꽃향기를 온누리에 날리면서
산천초목의 푸르름을 자랑하듯
행복의 보금자리 쉼터에서
모든 생명력의 안식처 숲 나무여

산은 어머니
자연은 생명의 숨소리
생명수이어라
솔바람에 시원한 갈바람이어라
쉼터, 평안과 행복을 주는
숲 나무여.

유년의 꿈

어릴 적 꿈은 하늘 높이 쌓아 올리고
오늘은 이것 내일은 저것 샘 부리며 뛰었지
할 일도 많고 재주도 있어
노래하길 좋아하는 한 소녀는
어린이 합창단원이 꿈이었지
꿈이 많아 잠 못 이루는 그때 그 시절
그리워라

유난히도 추웠던 어느 해 그 겨울
빨강 피겨스케이팅을 목에 걸고
논두렁 밭두렁 해 그림자 여운지도 모르고
꽁꽁 언 손 호호 불어 가며
빙판 위를 신나게 노닐 때쯤

땀이 등짝을 타고 내려오고
얼굴은 발그레한 분홍빛으로 빛이 날 때면
막냇동생 손잡고 김이 모락모락 피어오르는
달콤한 향기의 코코아와 찐빵을 내오시던 어머니

눈 감으면 아련히 그려지는 그 시절이 엊그제 같은데
어릴 적 꿈은 오간 데 없이 사그라지고
중년의 질고의 삶을 살아오면서
잊고 살았던 지난날들이 주마등처럼 뇌리를 스치는구나

서랍 속 낡은 흑백사진 한 장 가슴에 안은 채
오늘의 꿈을 그리고자 노을빛 속에서 글은 쓴다

그러나
이제는 나를 사랑하며 나의 빛을 찾아
못다 핀 꿈을 그리고자 창가에 앉았다
향후 20년 미래의 나의 모습을 들여다본다
거기 멋진 할미가 달달한 미소 지으며
카메라를 슬며시 집어 든다.

중앙선(中央線)

좋은 사진의 순간들은 우연의 실로 연결돼 있다고 한 월리 로니스는 “아름다운 이미지란 가슴을 통해 만들어진 기하학이다. 나는 인생을 따라 움직였다. 사람들을 사랑하고 우리가 걷고 있는 이 길을 사랑한다.”라고 말했다.

사진에는 가슴을 움직이고 시간을 기억하게 하고 기억을 추억으로 만드는 커다란 힘이 있다.

수많은 교통수단이 있지만 왠지 모르게 기차는 보다 많은 과거와 추억을 간직한 것처럼 보인다. 요새는 광속의 기차가 마치 날아다닐 듯 바삐 다니지만 느리게 기적 소리를 울리며 달리는 기차는 모든 것이 빠르게 변하는 요즘 시대에 옛 것에 대한 그리움을 더욱 깊게 한다.

이른 새벽 공기를 마시며 도착한 역에는 시간의 더께가 고여 신비스럽고 고요한 침묵만이 흐른다. 그래서 더욱 정이 간다. 처음 보는 낯선 곳이지만 어디선가 본 듯한 어린 시절의 기억과 흔적들. 이를 상상하는 것만으로도 흥겹고 훈훈하게 가슴속으로 스며든다.

추억이란 보지 않았지만 본 듯한 느낌이고, 같이 있지 않았지만 같이 있었던 감정으로 중앙선은 이러한 기억과 함께한다.

왠지 있었을 듯한 추억에 기대어, 지나간 세월을 볼 수 없는 매일, 현실에 지쳐 뒤를 돌아볼 마음의 여유와 틈도 없이 앞만 보며 달려온 이들과 함께하고픈 마음, 먼 훗날까지 사진을 사랑하고 싶다는 생각, 어렵고 힘든 삶 속에서도 그 무언가 집중할 수 있고 사랑할 일이 있다는 신나는 행복을 추억과 함께 버무리고 싶다.

기록과 보존의 가치를 넘어 긴 시간을 축적해 아름다운 기억들을 살아 있게 하고 싶다. 중앙선 간이역들의 서정적인 풍경은 오랜 세월 쉬지 않고 주어진 척박한 환경 속에서도 자연에 순응하며 살아가는 진솔한 아낙네의 모습처럼 아름답기만 하다. 보따리 짐을 등에 메고 머리에 인 채 이 자리에서 기차가 들어오기를 얼마나 기다렸을까. 그네들의 질곡의 삶, 그 무게가 애절하게 가슴에 와 닿는다.

도시화로 인해 사람들의 기억 속에서 점점 잊혀져 가는 간이역은 서민의 애환이 깃들어져 있는 그리운 추억의 장소다. 빛바랜 낡은 사진 한 장을 가슴속 깊이 간직하고픈 것처럼 나의 작품 하나하나가 잠자고 있는 우리 모두의 영혼을 깨워 주기를 소망한다.

예술의 산실 한강(漢江)

한강은 강남과 강북을 가로지르며 지금 이 시간에도 유유히 흐르고 있다. 한국전쟁 동란 이후 숱한 질곡의 삶을 견디어 내면서 오늘날까지 지내온 과거를 돌이켜 보면 한강은 우리들의 삶에 있어서 어머니 같은 안식처이기도 하다.

한강은 힘이 들고 지칠 때 우리들의 아픈 상처까지도 아무런 조건 없이 다독거려 주는 어머니의 품속같이 따스하다. 지구의 70억 인구가 공존하고 있는 지구를 나의 머릿속에 떠올려 본다. "지나간 것은 다 그립다."라는 말처럼 둥그런 지구 속에서 수많은 인종들이 서로 부대끼며 미래를 향해 스쳐 지나가는 과정에서 짧은 그 한순간을 잡아매어 놓고 싶은 마음에 렌즈에 나의 마음을 담아 우리들의 진솔한 삶의 흔적들을 찾아 기억을 더듬어 본다.

우리의 영혼이 아름답고 풍요로운 곳으로 날아갈 때 그 높이와 깊이의 풍성함이 더하지 않을까. 각박하고 험난한 삶의 굴레 속에서 아름다운 한강을 보고 느끼고 생각하고 표현하는 창조적인 사진 작업이야말로 내 인생의 삶에 더없이 좋은 여유를 누리게 한다.

시간이 지나도 변하거나 퇴색하지 않은 언제나 그 자리에 지키고 있는 한강의 시간을 정직하게 담아내는데 많은 노력을 기울였다.

사진을 찍는다는 것은 매우 단순한 일이지만 순식간에 그 모든 일이 다 이루어진다. 현실을 정확하게 기록하고 소중한 삶의 이야기를 간직하고 살아가는 우리네 인생사의 모습을 담아내는 나의 작업은 계속될 것이다.

뻥 이야기꾼

이종인

굽이굽이 돌아 耳順이 가까운 나이
삭아 가는 몸뚱이
접었던 꿈을 펼쳐 보고 싶다

이야기꾼

가래나무 밑 깊은 물에는
물자 귀신이 산다
바로 위 돌다리를 건널 때면
끌어당기는 듯하여
뛰어야만 한다

개울 건너 아저씨는
맞은편에 사는 아이를 마주칠 때마다
이야기를 들려주었다
놀라는 표정이 재밌었다

아이는 아저씨가 지어 낸 이야기를
친구들에게 들려주었다
솔깃해서 눈 동그래 들어주니 재밌다
표정을 더하고 이야기를 더하니
뻥쟁이가 돼 갔다

아이의 이야기를 들어주던 친구도
흉내내어 이야기를 짓는다
기승전결 조리있게
눈길 끄는 장면을 말 머리로 끌어낸다
가끔은 반전의 뻥도 섞는다

들려주던 아이가 다 커서
들어주던 아이의 이야기를 듣는다
어쩌면 이렇게 글을 잘 짓나 부러워한다
그러나
들어주던 아이는 아직도
들려주던 아이를 흉내내고 있다.

달 항아리

욕심이더냐
넉넉함이더냐
세상 모두를 담겠다고
한껏 품을 늘려 잡았구나

쪼개고 쪼개어
개성(個性)이라 주장해 온
모서리진 군상(群像)들
네 앞에 서니 할말을 잃는다

하나에서 출발하여 결국 하나가 아니던가

찰나(刹那)
도공의 손을 빌어
둥금의 철학을 영원히 설파하고 있구나.

꿈

갑자기 어느 날 형이 시를 짓는다 했다
얼마 뒤
고향 영산 모랭이에서 꾀꼬리 울음소리가
들렸다

가난한 형제 많은 집
이백 원짜리 문고책 속에서
잠깐 꿈틀거렸던
꿈을
'이담에 언젠가는' 이라 위로하며
몇 번을 접어 심연(心淵)에 가라앉혔다

대학 졸업하고
직장 잡아 결혼, 집까지 장만하면
인생 성공인 거라 생각하기로 했다

굽이굽이 돌아 이순(耳順)이 가까운 나이
삭아 가는 몸뚱이
접었던 꿈을 펼쳐 보고 싶다

풍덩
그 心淵으로 두레박을 던져
휘휘
줄을 흔들어 높여 담아 끌어올린다

묵직하다
두레박 속 물이 햇빛 아래 찰랑인다.

미루나무

노들거리 마을 입구 정구형네 논 연못가에는
키 커다란 미루나무 두 그루가
서 있다

기댈 곳 피할 곳 없는
허허벌판
꿋꿋이 마을의 수호신이 되어
황사지(黃沙地)서 불어오는 북풍을 오롯이 맞는다

심었을까
저절로 자랐을까
다소곳이 하늘로만 자라니 그늘도 되지 못해
있는 둥 마는 둥

천적(天敵)도 어쩌지 못하고
전망도 좋은
한없이 높은 나무 꼭대기 까치집
나무 잘 타는 심술쟁이 병진이도 어쩌지 못한다

밤이면 나무 끄트머리에 달이 걸리고
장승이 따로 없는 마을을 내려다보며 든든히 지킨다

누가 베었을까
어느 때인가 마을 지킴이가 사라졌다

마을 남쪽 신산(神山)
원적산을 외세(外勢) 널따란 길이 점령해 버렸다

미루나무는 전설이 되었다.

숲속 여러 길

광덕산 북쪽 하오터널과 백골부대 사이 임도는
산 허리를 가로지르는 사십 리나 되는
꽤나 먼 길이다

잠곡 저수지 오른쪽 상류 끄트머리를 지나
계곡 따라 올라가면 만나지는 곳
여기가 중간쯤이다

어느 때는 오른쪽 부대 방향
어느 때는 왼쪽 터널
아늑하고 안전해 보이는 공간인 이곳을
사계절 걷는다

궁금해서 들어선 숲에는 반들반들
멧돼지 고라니 길이 구불거리는데
여기저기
옭아매려는 올가미가
낚아 채려는 덫이 숨어 노린다

계곡은 물의 길이다
열매를 흘려 자손을 퍼트리는 식물들의 길
거슬러 오르고 내려가는 물고기의 길이기도 하다

어느 때인가 장마에 쏟아지는 물줄기가 무서워
사방댐*을 쌓았다
내리 달리는 물에게야 별일 아니지만
일 보러 내려갔던 물고기는 영영
돌아갈 수 없다

둘러보니
난 어디에 있는가
늘 다니는 내 길들은 안전한가

봄의 초입 북쪽 이곳은 여전히 겨울이다
앙상한 나목 사이
발걸음 없어 사라져 가는 길들이 여럿 보인다

돌아보니
고향 가는 길도 왕래 적어져 가물거린다.

---

* 사방댐: 산사태나 홍수를 막기 위해 계곡 중간중간에 설치해 놓은 댐.

세월

끝이 없는 세계에서
세월은
어디든 데려다 주는 열차다

불가능은 없다
무한한 세월에서
언젠가는 될 일이라 믿었다

벽에 마주 섰을 때
나의 유한성은 깨닫지 못했다
세월이 그를 물리쳐 줄 거라 믿었다

그러나
몇 차례 부딪힘과 휘몰아치는 변화무쌍함은
티끌 같은 존재일 뿐이라 일러 준다

흐르는 시간 속에
쌓이고 쌓이는
시루떡 한 켜일 뿐이라는 거다.

이웃집 순례

부스스한 머리에
헐렁한 바지를 치켜 묶은
허리띠 끄트머리가 펄럭였다

지게 짊어진
종종걸음 순례 아버지는
새벽 일찍부터 부지런한 우성이 아버지도
놀음 좋아하는 내 아버지 모습도 아니었다
그러나 장기는 고수여서 이기는 자가 없다 했다

자유로운 영혼
아버지에게 중중거리다 포기한 엄마는
죄 없는 맏딸 순례에게 퍼부어 댔다

한 살 더 많은 순례는
자유로운 영혼의 아버지를
중중거리는 엄마를 닮았다

제멋대로인 세상에는 반쯤만 걸치고 산다

훤칠한 심마니 남편
사십이 다 되도록
자유로움에 장가갈 생각 안 하는 두 아들
순례는 가끔 세상에 돌아와 중중거려야 한다

순례의 중중거림에
방향 잃어 비틀대는 세상이 움찔거린다.

꿈같은 봄 소풍

공항의 새벽
빙 둘러서니 스물여덟
선생님 대신 동창회장이
호루라기 대신 큰 목소리가
내 앞이 누군지 꼭! 기억하라 을러댄다

멀리 여주에서 밤을 새워 달려왔다
게이트 앞
옹기종기 모여선 자리
김밥 대신 음료 없는 빵이
짹짹 참새 수다 속에 사라진다

새벽을 갈라 날아온 제주
뜨끈한 해장국에
소주가 부어져 알딸딸해지고
바닷가 매서운 바람은
찬조 받은 바람막이를 꼭꼭 여미게 한다

맑아진 하늘, 따뜻해진 공기
스리슬쩍 밀감 서리해 가며
흩어져
매화 속 내 모습
보물찾기 바쁘다

송악산 둘레길
뛰어들고 싶은 파란 물
속도 맞는 친구끼리 무리지어
세상사를 논하고 은퇴 후를 고민한다
제법 긴 코스다

러브 랜드
야릇한 조각 앞에서 시시덕거리고
슬금슬금
성보조품 판매대 앞을 기웃거리며
판매원의 목소리를 훔친다
피곤하다 에라 모르겠다!
허리띠 졸라맨 거 풀고 횟집으로 고고
거나한 저녁 식사, 내 집 안방이다
방금 본 성이 아른거리고
고개 숙인 남자를 위한 특별 강의가 이어진다

어울려 간 노래방에 동창 남매가 동행했다
"내 생전에 이렇게 행복한 날은 처음이야."
47년 만의 외로웠던 영철이가 훌쩍이고
소매 잡아끄는 네 살 많은 누이는
여기 온 이유를 이야기하며 눈물짓는다

이튿날
스물둘은 오름과 유리성, 유람선에
여섯은 한라산을 올랐다
보여 주고 싶은 장면들이, 백록담이
까까똑 떠다닌다
복 받은 쾌청한 날이다

목장에서 달려야 할말이
저녁 식탁 위에 누웠다
비위 약한 순남이는 비빔밥을 주문하고
엊저녁 노래방 남매 이야기가
웅성웅성 갈라졌던 공기를 뒤섞는다

뚜껑 열리는 나이트
세상에나, 이렇게 많은 인파가
여자가 남자보다 세 배는 많다
웨이터에게 부탁해
두 친구의
세상에서 제일 큰 생일잔치를 벌였다

절물, 비자림 태고의 숲을 거닌다
흑돼지 주물럭 잘 먹은 점심

8키로 레일바이크
있는 힘을 다해 페달질 한다
저절로도 잘만 가는데 애만 썼다

선녀와 나무꾼
난로에 수북이 쌓인 노란 도시락
선생님 대신 강단에 선 반장
줄넘기와 다듬이질
막걸리 한잔에 고고 타임이다

날이, 소풍이 저문다
마지막 식사로 가는 버스 안
소감이 한마디씩 이어진다
정숙이는 "죽으면 같이 묻히자.
마지막 죽는 사람이 비석 세우고."

해삼에 멍게에 문어에
소주가 부어진다
젓가락 장단이 이어지고
순례는 미끈거리는 해삼을 숟가락에 담아
스물일곱 모두의 입속으로 배달한다

순례가 내일모래 같이 죽자 한다
하필이면 나를 끌어안고
주봉이는 술에, 분위기에 취했다
꿈같은 봄 소풍
아, 깨어나기 싫다 영원히….

당신을 사랑합니다

이홍자

온통 물들여 꿈꾸는 새벽하늘
무심히 내 영혼 하늘빛 따라가네

오늘은 좋은 날

좋은 날 좋은 시간
풍류를 즐겨 흥을 내 보자

기 싸움 벌여
한잔 술에 흥을 돋우니
홍어가 접시 위로 뛰어오른다
덩실덩실 어깨춤으로
막걸리가 한 바퀴 돌면
악귀는 물러가고
귀인은 나를 불러 주시오
아리 아리랑~ 쓰리 쓰리랑

북한산 자락 계곡의 여울목 물소리
솔향기 실은 실바람 가슴을 씻고
아리랑 가락에 맞추어 흥겨운 가락소리
아리 아리랑~ 쓰리 쓰리랑

조각달
스산한 나뭇가지에 걸려
애처러운 눈빛에도
풍류의 시인들 흥을 모으니
계곡의 물소리도 잠들었나

고요가 적막을 부르고
아름다운 짧은 시간 속의 만남
악귀는 물러가고
귀인은 나를 불러 주시오
아리 아리랑~ 쓰리 쓰리랑
오늘은 좋은 날이여.

당신을 사랑합니다

밥 펴!
무툭한 말투
커다란 솥 밥이 두 번 세 번 바뀐다
심근을 울려 주는
한 끼 하루살이
한 끼 공양

감사히 잘 먹었습니다
그들의 밝게 상기된 얼굴
고맙습니다

그들은 이제 고뇌에서 벗어나
참으로
진정 가슴에서
전생 이생의 틈바구니에
감사한 마음 고개 숙여
같이 인사 나눈다

마음 안의 구멍으로
환한 새 세상을 열어
파고다공원
원각사 목탁 소리는 오탁한 사람들을

위해서
그 마음 안에 고요를 위함이요

햇빛 가리게 신문지 한 장으로
길게 늘어진 단정한 줄
애환으로 가슴이 젖어든다

한 끼 식사를 하기 위해 기다리는
원각사의 맑은 해탈의 목탁 소리는
내일도 또 다음 날도…
공원을 환하게 지켜 줄 것입니다

당신을 사랑합니다.

껌딱지 물방개

물방개 신났다
창문에 딱 붙은 물방개
숨도 쉬지 않고
앞에 동무 어깨 붙잡았나
주루루룩 주루루룩
여기저기
아차!
물방개 잡고 있던 손
놓치고 말았네

오늘은 물방개 소집 날
천둥 번개 비바람에 맞춰
나란히 나란히
껌딱지 물방개
앞에 친구 잘 붙잡아라
놓칠가 꼭 잡고
하 나 둘 셋
주루루룩 주루루룩
미끄럼 타고 있었네.

불어라 바람아

얼마나 많은 비올려고
천둥 번개 캄캄한
하늘 울려 놓고
거친 바람 굵은 빗방울
몰고 오네

비를 갈라 놓는다
무서운 바람으로
대지에 흩어져
헤매이며 숨 쉰다
불어라 바람아
내 품에 내 가슴속으로

흩날리는 바람의 인생
만물들이 숨 쉰다
소낙비에 묻혀서
물 만난 고기처럼
아가미로 숨 쉬누나.

아기 공주 어머니

까만 하늘에 쓸려오는 소린
하얀 꽃마차 몰고 오는 파도 소리

유난히 더 쓸쓸했던 날
어둔 정막에 작은 비까지
마지막 여행으로 찾은 곳
바닷가에서

검은 빛으로 물든 넓은 바다에
밀려갔다 쓸려오는 물거품의 파도는
하얀 꽃마차 누구를 태워 가시려고 정막을
헤치며 몰려오고 있는가

저기 좀 보라며 손짓 하시는 어머니
당신은 알고 계셨다
꽃단장하고 달려오는 마차는 누군가를 모셔 가려는 뜻을
청초함에도 하얀 장미꽃은 곱고도 화려해라
고운 그는 5월의 여왕이었다

어머니는 곱디고운 연한 살구빛
비단 드레스로 곱게 단장하시고
뽀얀 꽃분도 바르시고 연지 곤지 하며

앵두 같은 입술로 세상에서 하나밖에 없는 멋진 꽃으로
듬뿍 장식한 꽃마차 타고 아기가 되어
어릴 적 고향에 부모님 찾아가셨으니

지금쯤은 꽃구름 속 부모님 품에서 아기 공주님
사랑의 꽃으로 피어 계시겠지요.

어짜쓰거나~

산 넘어 동네 지금 무슨 일인가
오묘한 빛의 구름 속
새벽하늘이 빛을 실어 나른다

어둑 새벽 뜨인 눈

우리 집 창가엔 스님 옷처럼
온통 잿빛인데

건너 동쪽 저 하늘밑 초당은
흥부네 박 타는 날인가
가슴을 울렁인다
움직임에 따라 오묘하게 변하는
무지갯빛으로 찬연하고
구름과 빛깔이 혼연일치되어
영롱한 보석 오팔처럼
하늘에서 떨어진 번갯불의 섬광이니
감정 표현을 나누기엔 무례함이요
설레임으로 들숨 날숨도 멈추고
사랑하는 마음 또한 이럴까

펼쳐 놓은 도화지에
물감 한 방울 건너가다가 떨어뜨려

어둑 하늘 발칵 뒤집어 놓은 아련한 마음
어짜쓰거나~

온통 물들여 꿈꾸는 새벽하늘
무심히 내 영혼 하늘빛 따라가네.

첫사랑

논두렁 밭두렁
물대어 놓으니
개구리 짙은 울음소리
봄비를 노래하고

금방 물든 연두색
남몰래 숨겨 둔 첫사랑
아련하니 고운살 빛
사랑하고 싶어라

꽃향기 불러
일으키는 봄빛에
어리는 다기의 향취
목련의 고기함을 울궈낸
노란빛 사랑 하고 싶어라.

먼 산 너울에
민들레 씨앗 바람에 날려
어머, 벌써 꽃차 향기 피었네

장홍순

파란 하늘도 노래하고
장대처럼 높이 서서 산사를 지키는
현충사 추녀 끝에 풍경 소리와 함께
민족의 향기가 온몸을 적셔 주는 꽃차

꽃차 한잔 앞에 놓고

산 너머 싱그러운 바람 불 때
장미꽃 찻잔 위에 띄워 놓고
봄을 기다리는 마음

새싹이 움트는 개울가
풀피리 소리 들리고
햇빛이 입술 내민 그 웃음
꽃차 한잔 앞에 놓고 옛 친구 그리워하며
기다리는 마음

봄비 물초롱으로 매달린 풀밭
느긋한 몸짓에 꽃물에 향기 담아
주거니 받거니 5월의 여왕을
탄생시켜 온 세상 축제를 만들며 춤을 추고
아리랑을 부르는 마음.

봄바람

실바람 불고
눈살이 사르르 녹아날 때
수줍게 수줍게 눈을 뜨면
땅의 영광 그 소리 들리나니
새싹의 찬연함이여
영광의 들꽃들이여

한울타리에 꽃 잔치 피어나니
달님이 지키고 해님이 키우면서
봄바람 애닮스럽게도
새 세상 마음을 열어 웃음꽃 날리며

저멀리 기약 없이 떠나보낸 눈바람
산 따라 바람 따라 향기 날리며
가 버린 살얼음 골짜기마다 녹아나니
봄바람은 아가씨 가슴에 피어 녹아나는구나
세월에 바로 생명의 소리로구나.

달 항아리

수평선에 항아리 두둥실 떠오를 때
가슴앓이 애태우던 파도 소리
출렁이는 물빛처럼 하늘에 떠도는 항아리

그 속엔 어떤 마음이 있을까
육지를 떠나 허공에 달
매어 달린 배부른 달
오늘도 밤이나 낮이나 짝사랑 되어
떠도는 세월

신비로운 그곳 엄마의 뱃속인가
어둠과 하얀 날들이 빛나건만
한 많은 향기 솔솔 누리에 퍼지는구나

행복단지 달 항아리 화목단지 달 항아리
꽃향기 피어나는 백자 항아리.

산 여울

어제 내린 봄비
개울 물소리 되어
임을 부르네

작은 산새 지저귀고
햇살은 눈부시어
임을 부르네

물길 따라 마실 떠나
가랑잎도
꽃방울에 수줍어 고개 숙이고

임을 부르는 소리
얼굴 붉히며 고개 숙이며
달빛에 젖어 산 여울 부서지는 소리
임을 부른 소리이어라.

꽃차의 향기

초록으로 싱그러움이 웃고 있는 봄날
세월은 녹아나고 고목이 된 자색 목련꽃
아름다운 아녀자의 손길에
청아하고 조용한 다도인의 눈빛에
마음을 고즈넉하게 해 주는 다도의 시간

파란 하늘도 노래하고
장대처럼 높이 서서 산사를 지키는
현충사 추녀 끝에 풍경 소리와 함께
민족의 향기가 온몸을 적셔 주는 꽃차

하얀 구름이 평화를 그리듯
태극기를 휘날리고 민족의 거룩한 영혼들이
태평성대 누리던 날 옷자락에 금박 물리고 무지갯빛 찬연하니
온누리에 향기 되어 무궁화가 피리라

정신적 마음을 정화해 주니
목련의 향기, 냉이차의 감촉, 백년초차
동족의 자존심을 일깨우는 우리 민족
참다운 다도인들의 한마음이어라.

꽃바람

논두렁
밭두렁에 핀 냉이꽃

할아버지 모습으로 피어난
할미꽃

뒷동산 언덕에 꽃비가 내리듯
휘날리는 벚꽃

꽃바람난 진달래 개나리
꽃바람 맞으며
앞마을에 피어난 개나리꽃 찾으리

꽃너울에 달려오는
임을 기다리는 봄날
꽃바람 부는 이때
그리움에 젖는 꽃바람 향기.

홍매실 꽃잎 사이

성근 가지마다
매화꽃 새악시 옷자락으로 피어나고
마디마디마다 눈빛에 웃고 있는 모습이
봄 햇살에 수줍게 고개 숙이고
우물 볼이 붉어지듯 물들어 가는 꽃잎은
홍매실이라 할까

방긋방긋 웃는 그 향기
가슴이 열린다
하늘이 열린다

이 비 그치고 나면
붉은 속마음 보일까 잎새 사이에 숨어
살며시 눈빛으로
웃고 있는 홍매실 꽃이여.

봄바람 향기 품고

조길자

철썩철썩 파도 하얀 거품 부서지는 소리
씨끌벅적 수다 끼르륵 끼르륵

소낙비 소리

찜통더위 한증막 토굴 속 얼굴
뚝뚝 떨어지는 땀방울
솔솔바람 반겨 주는 미소 머금고
자연의 섭리 순응한 소통
실바람 살짝 스며드네

떠나가는 삼복더위 그 자리 미련 남아
검은 구름 몰려들어 소낙비 한껏 실어와
몸도 마음도 흠뻑 젖어
스쳐간 빗방울 눈가에 맺혀
눈물샘 막힌 길 소리없이 물 내리네

심술궂은 구름 거센 소낙비
번쩍이는 번갯불
천둥 소리 우르릉 쾅쾅
지붕 아래 처마 끝자락에
빗물이 눈물 되어 움추려 앉은
아주 작은 물방울 겁쟁이여.

새벽길 잠 깨우리

어둠의 자리 빌려 찬 이슬비 내리는
동트는 새벽길
밤새 꿈나라 꽃길 담은
뻐꾹새
잠깨워 우는 소리
새벽길을 깨우리

불빛 타고 질주하는 자동차 소음
안개 속 자욱 피어 헤쳐 간
정상 오름
가랑비 젖은 유달산 동백 꽃잎 길
한순간 길을 막아 정막강산 정취일세

푸른 바다 파도 타는 조각배 발목 잡은 선창가
쓸쓸이
오늘따라 메마른 대지 위
쏟아지는 폭우
아쉬움 내려놓아 돌아서는 발길
이슬비 적어 손님 찾는 뱃사공
방긋 웃는 햇빛 기다림
새벽길이여.

역전다방의 밀어

높고 높은 옥색빛 푸른 하늘 아래
담장 너머 라일락꽃 피었네
훈훈한 동풍 타고 사랑 찾는 벌 나비
문 열고 날아든 역전다방
꽃잎 향기 내음에 취해 앉았네

꽃다운 봄 처녀 수줍은 미소로 피어나니
씩씩한 총각 청혼의 설렘
아름다운 자리 역전다방 핑크빛 인연
트윈폴리오 중창 노래 잔잔한 음악에
마음의 문 열어 사랑의 눈빛 전해 오네

수많은 사람들 대중의 발길
열두 칸 기차 기적 소리 축포가 울리고
벌 나비 속삭임 사랑의 밀어들 마음의 꽃씨로
봄바람 그윽한 향기 품고
하얀 라일락 핀 꽃길 걸었네.

갈매기 둥지

깎아진 절벽 위 한 쌍의 갈매기
바윗틈 사이 포근한 사랑의 보금자리에
어미 새 아기 품고 불청객 지키려는
욕심꾸러기 사나운 갈매기 떼
금지구역 울타리 가로막았네

저 넓은 에메랄드 푸른 바다에
만선을 따르는 비장한 항해로
바다 내음 짙게 품고 훨훨
지저귀는 애기 새 소리
부지런히 먹이 구해 노오란 부리 속
넣어 주는 모정의 사랑

철썩철썩 파도 하얀 거품 부서지는 소리
시끌벅적 수다 끼르륵 끼르륵
슬기롭게 멋진 날갯짓 해풍을 밀어내고
맑은 영혼 담은 샘솟은 사랑
수평선 날아드는 먹이 찾는 어미 갈매기.

산울림

산아 산아 높은 산울림 야호 소리
소나무 잣나무 사이로 울려 퍼져
아련히 메아리로 돌아오네
바스락 낙엽 밟는 소리
나무 그네 줄에 매달린 다람쥐

구수한 잣, 알밤, 도토리 모아
몰래 곳간에 쌓아 둔 가을걷이
까만 왕눈 다람쥐 월동준비 들어
저장 정신 잊어버려 부지런히 돌고 돌아오네

벼랑 끝에 폭포수 여울에
하얀 거품 풀어내고
넓은 바다로 흘러가는 긴 여행
산뜰 야생 노루 사슴 옹달샘
야호 소리 깜짝 놀란 산울림 소리여.

구름 한 점

녹음이 우거진 산등성
골짜기 작은 옹달샘
산새들의 휘파람 소리
합창 노래 바람 타고
산울림 전해 오네

등산길 험악한 돌길 깔아 놓아
밧줄 잡고 푹신한 흙길 밟고
땀방울 맺혀
시원한 산들바람 소나무 아래
아들이 자리잡은 미니 의자 앉아
맑은 음이온 마시며 쉬어 가리라

아들과 등산하는 길
추억을 심는 자리 족두리봉 정상
환희 찬 기쁨이여
구름 한 점 없는 푸른 하늘 아래
우뚝 솟은 빌딩 사이로 흐르는 세상살이
서울 구경 아름다운 등산길.

매미의 노래

산자락 파란 잎새 사이
아름드리 소나무 한 그루
녹음이 우거진 고개 넘어
조용한 산촌마을
동네 어귀에 수호신 마을을 지키고
작은 매미 한 마리 청아한 목소리로
산천초목 바라보고 하소연하는 걸까
한여름 연주하는 전령사들이여

햇빛 내려 땡볕 불볕 속에
정자나무 그늘 아래 목청 높여
살아가는 매미의 일생
수년 세월 땅속에 묻혀
세상 구경하는 신세
신바람 타고 한마당 떠나가는 한풀이
토해 내네

한여름 지난 마당 홀연히 슬픈 이별
새 생명 부화 숨어드는 매미의 생명
한 겹 옷 허물 벗어 예쁘게 몸단장
고즈넉한 시골 풍경 풀벌레 소리
매미의 노래 울려 퍼져
만인의 마음 훔쳐간 시골 내음
바람 타고 전해 오는 매미의 노래.